BEL, FRAN E NINA

Suas melhores amigas

BEL, FRAN E NINA

Suas melhores amigas

Diretora
Rosely Boschini

Gerente Editorial
Carolina Rocha

Assistente Editorial
Natália Mori Marques

Controle de Produção
Karina Groschitz

Projeto gráfico e Diagramação
Vanessa Lima

Capa
Vitor Gentil

Revisão
Vero Verbo Serviços Editoriais

Fotos
Arquivo pessoal,
Tatiana Schmidt e Bárbara Lopes

Imagem original das princesas
Walt Disney Company

Ilustrações das princesas
Mário César

Única é um selo da Editora Gente.

Copyright © 2017 by Isabel Peres Magdalena,
Francinete Peres Fraga Magdalena
e Nina Peres Magdalena

Todos os direitos desta edição
são reservados à Editora Gente.
Rua Pedro Soares de Almeida, 114,
São Paulo, SP – CEP 05029-030
Telefone: (11) 3670-2500
Site: www.editoragente.com.br
E-mail: gente@editoragente.com.br

Este livro foi impresso pela gráfica RR Donnelley
em papel offset 90 g.

Dados Internacionais de Catalogação na Publicação (CIP)
Angélica Ilacqua CRB-8/7057

Magdalena, Isabel Peres

Suas melhores amigas : um livro para curtir e celebrar a amizade e
o amor! / Bel, Fran e Nina. — São Paulo : Editora Gente, 2017.

128 p. : il., color.

ISBN 978-85-9490-007-4

1. Literatura infantojuvenil — Amizade 2. Amor 1. Título 11.
Magdalena, Francinete Peres Fraga 11. Magdalena, Nina Peres

17-0750
CDD 028.5

Índices para catálogo sistemático:
1. Literatura infantojuvenil : Amizade 028.5

A Deus, por nos permitir
receber tanto amor e
influenciar de forma positiva,
ensinando que o importante
é ser feliz.

À nossa família, que é
nossa base e nosso porto seguro.

Aos nossos mais de
sete milhões de amigos fiéis,
que são muito mais que
seguidores e nos fazem nos
sentir pessoas especiais.

AGRADECIMENTOS

A todos os que, de alguma forma, fizeram com que mais este sonho se tornasse realidade – em especial o Maurício, que também faz parte desse time de melhores amigos. Escrever nosso quarto livro nos enche de orgulho, e nos emociona saber que podemos levar nossas mensagens positivas de maneira sempre divertida por meio de mais um veículo de comunicação.

Nosso muito obrigada a todos os que adquiriram os livros: *Segredos da Bel para meninas*, *Educar com Amor*, *Todo dia com a Bel* e estão com este livro em mãos; também àqueles que sonham com um deles mais ainda não tiveram a oportunidade de comprar.

Recebemos diariamente mensagens de pais que nos contam coisas que valem mais que tudo. Como a história de uma garotinha que guardava suas moedas num cofrinho e que não mexia nele para comprar nada e um dia chegou na sala com ele e pediu à sua mãe que o quebrasse pois queria comprar nosso livro. Amor assim só dos melhores seguidores do mundo, que são os dos nossos canais *Penteados para meninas*, *Bel para meninas* e *Nina para meninas*. Esse é o segredo de tudo!

TER amigos é TUDO DE bom!

Eles são aquelas pessoas em que você pode confiar para qualquer coisa, a qualquer hora. Amigos fazem você feliz e enchem seu coração de alegria. Quando você cai, eles ajudam a levantar. Quando você está no topo, são eles que você quer puxar para cima para brilharem juntos. Não tem tempo ruim para estar com os amigos: faça chuva ou faça sol, vocês sempre arranjam um jeito de estar na companhia uns dos outros. Amigos são pessoas que nos fazem sorrir e até gargalhar, que nos trazem sempre um novo olhar sobre a vida e nos oferecem apoio em qualquer momento.

Neste livro, você vai encontrar tudo o que nós pensamos sobre amizade! Ele foi escrito com muito carinho para você curtir com os seus amigos. Além dos textos, nós também elaboramos várias páginas interativas - algumas são para você preencher sozinha e outras são para você preencher com seus melhores amigos. Nossa intenção é que você comemore as amizades que tem e fique ainda mais pertinho da Fran, da Bel e da Nina! Nós somos melhores amigas inseparáveis e se tem um assunto de que nós entendemos, esse assunto é **amizade verdadeira.** ♡

POR QUE é IMPORTANTE ter AMIGOS?

AMIGOS TRAZEM ALEGRIA PARA A NOSSA VIDA! Ter uma amizade é sinônimo de ter com quem contar em todos os momentos, nos melhores e nos piores. Quando queremos nos divertir, dar risada, o amigo é a primeira pessoa na qual pensamos. Quando estamos tristes ou desanimadas é a mesma coisa: pensamos logo em nossos amigos, porque eles são capazes de nos animar e nos fazer voltar a sorrir. Se você tem um melhor amigo, sabe do que estamos falando. É possível até que você não tenha alguém intitulado "melhor amigo", mas com certeza tem uma pessoa que está sempre ao seu lado, que é fiel e sincera e, que ao mesmo tempo, sabe dar bronca quando você erra. Todos nós precisamos de alguém para desabafar ou dar risada.

Se você é seguidor do canal, você é nosso amigo.

Você tem com quem contar.

tipos de AMIGA

AMIGA É AMIGA! Na hora de definir se uma pessoa é sua amiga ou não, o que vale mesmo é a fidelidade, o companheirismo, a sinceridade... Mas nós sabemos que existem vários tipos de amiga, né? Por mais que todas tenham essas características em comum, o jeito de cada uma acaba definindo o "tipo" em que elas se encaixam. Todas nós temos uma amiga engraçada, uma que é brava, outra que é doidinha, e também a nerd, ou a fofa, a irmãzona... Às vezes uma única amiga pode até ser tudo isso ao mesmo tempo!

...A AMIGA

engraçada

Sabe aquela amiga que só de pensar nela você já se lembra de alguma história engraçada? Pois é, aposto que você lembrou justamente daquela amiga que sempre faz você gargalhar! É sempre muito bom ter amigas engraçadas por perto, porque elas trazem uma alegria sem tamanho para o nosso dia a dia.

A amiga engraçada nos faz rir naturalmente. Às vezes por ser meio atrapalhada ou por ter tiradas muito boas, ela sabe o momento exato de acertar a piada.

Um dos grandes dons da amiga engraçada é, muitas vezes, ser a única pessoa capaz de mudar o foco quando estamos num momento ruim. Ela nos ajuda a pensar em outras coisas, enxergar o lado bom, mesmo quando estamos diante daquilo que pensamos ser uma verdadeira catástrofe. Enfim, a amiga engraçada é aquela que sempre nos faz lembrar como é bom sorrir e aproveitar a companhia de quem nos faz feliz.

A amiga doidinha nem precisa de descrição, não é mesmo? Ela faz palhaçada, age de um jeito maluquinho, não liga para o que as outras pessoas pensam sobre suas atitudes inusitadas... Ela é sinônimo de autenticidade – e essa é a palavra-chave para entendermos como essa amiga é especial!

A amiga doidinha nos ensina como é importante ser quem realmente somos, pois é assim que encontramos os verdadeiros amigos. Ela não julga, aceita as diferenças e, o melhor de tudo, faz das diferenças nossos pontos em comum. Além do mais, a amiga doidinha nos dá coragem para arriscar, fazer diferente da maioria, superar os medos. Atrás das suas maluquices, existem muitos aprendizados.

...A AMIGA
doidinha

...A AMIGA *nerd*

A amiga nerd é inteligente e estudiosa! Pode ser quieta ou tagarela no tempo livre, não importa: é só ela começar a ler ou estudar que você pode esquecer o que estavam conversando antes, como é muito concentrada, nesse momento ela já terá passado para o próprio mundinho. Além de ter as melhores conversas sobre livros, ela vai saber lhe ajudar quando bater aquele desespero antes da prova.

A amiga nerd tem uma coisa única: ela consegue nos transportar para outros mundos. Sim, entre histórias, livros e assuntos com os quais ela está envolvida, essa é aquela amiga superempolgada com as descobertas que faz. Ela nos ensina muito sobre a importância de nos dedicarmos a tudo aquilo de que gostamos muito e de como há sempre novos caminhos a percorrer e ter novas ideias.

Outra característica presente na amiga nerd é a sua capacidade de ver além. Ela parece estar sempre um passo à frente, tanto no que diz respeito aos seus planos como para entender o que está por trás de cada conflito que possamos enfrentar. Você não acha?

A amiga fofa é aquela que lhe oferece o maior conforto quando você precisa de um pouco de atenção, ao mesmo tempo, é ela que está sempre ao seu lado nas boas recordações. Ela dá a você apoio incondicional nos melhores e nos piores momentos.

Ela é aquela amiga que pensa nos detalhes, sabe? Quando você está triste ou quando quer fazer algo diferente da rotina, ela sabe exatamente do que você precisa. Ela é também a melhor pessoa para lhe dar dicas de presentes e surpresas. A alegria dela é fazer com que as outras pessoas se sintam bem.

Se você tem uma amiga assim, pode ter certeza que tem alguém em quem confiar para o resto da vida.

...A AMIGA *fofa*

...A AMIGA *brava*

O fato de uma amiga ser brava não significa que ela seja uma amiga pior do que as outras – muito pelo contrário: muitas vezes, ela é a única a ter coragem de puxar a sua orelha e mostrar que você está cometendo algum erro. É claro que levar bronca não é a coisa mais divertida do mundo, mas é importante ter alguém para mostrar nossas falhas, pois assim temos a chance de melhorar. E mais: é garantido que a amiga brava sempre vai comprar a briga por você e lhe defender em qualquer situação!

Ela é sincera, comprometida e muito corajosa. Fala o que pensa e isso a torna muito especial. Afinal, é sempre bom ter por perto pessoas tão verdadeiras como essa amiga. Então, sempre que receber uma bronquinha dela ou quando ela não concordar com você, nada de ficar triste. Temos certeza de que tudo o que ela mais quer é lhe proteger e ver você feliz.

A amiga irmã pode ser tanto uma irmã da família como uma irmã de consideração. É aquela amiga que foi criada com você e sabe de toda a sua vida. Ela se lembra dos seus melhores momentos com o mesmo sorriso que você, pois o orgulho que ela tem por você é inegável. A conexão entre vocês é algo que ninguém consegue explicar – mas todo mundo sabe que existe.

Entre vocês, a amizade é tão forte que são capazes de passar por qualquer coisa. Vocês conhecem as qualidades mútuas e sabem o que podem melhorar. Vocês conseguem falar de tudo ou mesmo passar horas sem falar nada, só vendo o tempo passar. A amiga irmã faz parte da sua vida de um jeito único: ela conhece sua família e você a dela, vocês compartilham tudo o que vivem e sentem, e às vezes parece que ela lhe conhece melhor até do que você.

...A AMIGA *irmã!*

E, É CLARO: O AMIGO bichinho

Ter um bichinho de estimação é muito bom, e ele também pode ser seu melhor amigo. Os bichinhos fazem companhia, alegram a casa, são leais e gostam de você do jeitinho que você é. Seja qual for o seu bichinho, para ele o que mais importa é você, seu carinho e sua amizade. Ele não liga se você tem carros, uma casa bonita, dinheiro, status... nada disso. Não julga nem compara você aos outros. Para deixá-lo feliz, bastam um afago, um carinho, uma brincadeira porque ele ama a sua companhia. Dê seu coração a ele e ele lhe dará amizade sem fim. Os bichinhos transmitem amor e fazem você se sentir especial.

Mas, antes de resolver ter um bichinho de estimação, é importante saber que eles necessitam de alguns cuidados e muita atenção. Você precisa cuidar da alimentação, dedicar um tempo para brincar e passear com ele e, se você viaja com frequência, deve ter alguém de confiança para cuidar dele e saber que haverá gastos com veterinário. Ele dependerá de você para muitas coisas!

Todo animal, assim como as pessoas, precisa de amor e cuidados e a felicidade dele depende apenas da forma como você o trata. É preciso ser consciente para escolher o animalzinho que se encaixa melhor ao seu modo de vida. É importante saber também que, assim como nós, humanos, eles adoecem, envelhecem e partem quando chega a hora deles. Muitas pessoas se apegam tanto que se esquecem disso e quando acontece algo ficam tristes demais. É claro que sentimos saudade, mas devemos lembrar da alegria que compartilhamos com eles.

Nós tivemos uma calopsita chamada Gracinha Graciosa, um presente do Maurício quando nos casamos. Ela era linda e sabia assobiar. Eu ensinei o *Parabéns para você* a ela e, depois de sete anos, ela se foi.

Queríamos outro bichinho, mas a Bel era muito alérgica e não podíamos ter nenhum com pelos. Por muita insistência dela, tentamos assim mesmo ter um porquinho-da-índia, mas em poucos meses tivemos de dá-lo para outra família porque a Bel teve uma crise forte de alergia. Ficamos um bom tempo sem ter nenhum bichinho. Agora com a Bel maior e depois de ela ter feito um tratamento de imunoterapia, que fortalece o corpo para combater as doenças, resolvemos ter um novo membro na família que, se você segue nossos canais, com certeza já conhece: Dylan Pipoca (Didi), nosso gatinho Himalaio que vem nos trazendo muitas alegrias e momentos de uma ternura que não dá para explicar, só sentir esse amor puro e verdadeiro que os amigos assim têm para nos oferecer.

Você tem um bichinho ou gostaria de ter?
Cole aqui a fotinho dele ou faça um desenho,
caso ainda não tenha.

Liste aqui quem são as suas melhores amigas. Em que tipo cada uma delas se encaixa?

NOME | TIPO DE AMIGA

A verdadeira amizade não se compra, se conquista! Taí, vocês conquistaram a nossa amizade e o nosso coração.

Somos uma família de muita sorte porque temos muitos amigos espalhados por todo o mundo: os nossos seguidores. Temos também amigos que estão com a gente todos os dias, amigos que quase não encontramos, amigos que conhecemos há muito tempo, amigos que conhecemos agora. Nós conhecemos amigos novos sempre que viajamos porque, ao chegar num novo lugar, encontramos nossos fãs e logo viramos amigos!

Amigos são pessoas especiais que Deus coloca em nossa vida para dividirmos momentos felizes e tristes. Não importa quantos amigos você tem e, se você tiver só um, o que interessa é que seja amigo de verdade. Em amizades verdadeiras não existe inveja, não há disputas e sempre ficamos felizes com as conquistas e a felicidade uns dos outros. Isso é amor de verdade.

Nós somos mãe, filhas e amigas para sempre... Na nossa vida, assim como nos nossos canais do YouTube, não existem rivalidade, protagonistas, nem estrelas, nada disso. O que existe é amor verdadeiro. Somos um trio de parceiras dentro e fora dos vídeos.

Temos amigos meninos também e um deles vocês conhecem bem, o Maurício. Ele é nosso melhor amigo menino, pois está ao nosso lado nos apoiando e protegendo. Ele é um amigão, sabe? Daqueles com quem você pode contar em todos os momentos.

Nós somos felizes por ter tantos amigos, meninas e meninos de todas as idades, que torcem por nós, que nos enchem de carinho por onde passamos, que vão aonde nós falamos que vamos estar e até dormem nas filas, em qualquer situação, por um momento perto de nós, amigos que nos olham com olhinhos cheios de lágrimas e amor.

Consideramos todos os nossos seguidores uma família gigante (com mais de sete milhões de membros!), porque amigos são irmãos que nosso coração escolheu, amigos são presentes de Deus. Agradecemos ao Papai do Céu por todo esse amor. Costumamos dizer que nós não somos famosas, somos queridas — e isso não tem preço.

Vocês vão ficar para sempre nas nossas lembranças porque vivem em nosso coração.

Agora é a sua vez de escrever
uma carta para Bel, Fran e Nina!
Use a página ao lado, destaque e envie-a para:
Rua Pedro Soares de Almeida, nº 114.
São Paulo, SP — CEP 05029-030.

O QUE fazer QUANDO nos DECEPCIONAMOS COM UM amigo

NEM SEMPRE UMA AMIZADE É UM MAR DE ROSAS! Como em qualquer relação, o convívio entre pessoas diferentes pode gerar desacordos. Impossível nunca ter um probleminha sequer, certo? Mas isso é normal! São pessoas diferentes, com pensamentos diferentes... O que não é normal é uma pessoa lhe fazer mal. Além de não ser bacana, isso é sinal de que aquela amizade não é verdadeira. Amigo de verdade faz você feliz, não triste!

Nós somos bem tranquilas, não nos deixamos levar por intrigas ou por pessoas que tentam nos prejudicar. Sabemos que amizades verdadeiras nos fazem bem, e não mal. Então se alguém faz alguma coisa que realmente não foi legal... Tentamos não nos abalar e seguimos em frente. Não vale a pena se chatear por causa de amizades falsas. É claro que achomos chato, não é que sejamos indiferentes, mas aprendemos que você não deve perder seu tempo se preocupando com coisas chatas desse tipo quando tem tanta coisa boa na vida para aproveitar.

DECEPÇÃO é MUITO ruim

Decepção é muito ruim, ainda mais porque em geral vem de uma pessoa que nós amamos. Sempre criamos muitas expectativas em relação aos nossos amigos e às vezes não encontramos a pessoa que imaginamos e esperamos mais daquela amizade do que ela tem para oferecer. Nem nossos amigos, nossos pais, nossos parentes e nem nós mesmos somos perfeitos. Ser amigo é entender que a outra pessoa pode cometer um erro, mas que ainda assim gosta da gente e todo mundo tem direito a uma segunda chance, não é verdade? Acho que todos nós em algum momento, mesmo sem querer, sem perceber magoamos quem mais amamos, e o melhor a fazer quando estamos errados é reconhecer, pedir desculpas e tentar aprender algo com o erro para não tornar a fazer a mesma coisa em outro momento. É claro que tudo tem limite e, se essa pessoa insistir em nos decepcionar, devemos avaliar essa amizade para saber se vale a pena porque amigo deve acrescentar e não diminuir, e amigos de verdade querem nos ver felizes!

E você, já se decepcionou com alguma amizade? Como foi lidar com essa situação?

segredos...

EU AINDA SOU MUITO NOVA para ter segredos que só posso contar para as amigas. Além disso, tenho uma relação muito boa com meus pais, sei que posso contar tudo para eles! Entre nós não tem essa de guardar segredo. Sempre vou contar tudo para a minha mãe e para o meu pai. Eles são meus amigos, meu porto seguro, e eu tenho muita sorte de poder ter uma relação tão boa com eles. **- BEL**

QUANDO EU ERA CRIANÇA a minha realidade era outra. Minha relação com meus pais não era nem um pouco como a nossa com a Bel e a Nina... Eu não tinha essa liberdade de poder contar tudo para os meus pais. Meus irmãos e eu não tínhamos essa abertura para conversar com eles, pois eram muito rígidos com a gente. Infelizmente, não tive a oportunidade de ter pais que me dessem liberdade para falar de todos os assuntos, então eu tinha segredos que só contava para as amigas. Agora eu tenho duas filhas amigas, e acredito que isso é tão bom para elas quanto é para mim!

Somos todos diferentes, não existe ninguém igual a ninguém e devemos respeitar cada um do jeitinho que é. Às vezes seus pais são mais reservados, mas não quer dizer que te amam menos ou se preocupam menos com você. Nem todo mundo demonstra seu amor da mesma forma, nem todas as pessoas ficam falando "eu te amo", dando beijinhos. Às vezes algumas meninas falam para mim que queriam que a mãe delas fosse igual a mim e eu sempre digo que as pessoas não são iguais e devem ser amadas e respeitadas como são: umas mais sérias, outras mais brincalhonas, as mães que conversam, as que só observam... cada uma com seu modo de amar.

E as pessoas mudam. Minha mãe hoje é bem diferente e conversamos sobre tudo, ela até arrisca fazer alguns vídeos com a gente e já é super querida dos seguidores também. Se seus pais não chegam até você, tente você se aproximar deles. Aproveite agora e dê um beijo e um abraço no seu pai, na sua mãe e naquela pessoa que é importante para você. Não esqueça de dizer que os ama. ♡   – FRAN

INFELIZMENTE, POR DIVERSOS MOTIVOS que muitas vezes não estão sob nosso controle, acabamos nos afastando de pessoas que já foram nossas amigas. Por mais que não seja legal nos abater por algo que não podemos reparar, a verdade é que muitas vezes sentimos falta de ter aquela pessoa no nosso dia a dia. Ainda assim, quando lembramos dos bons momentos, tentamos manter apenas a saudade boa. Por sorte, nós podemos contar com fotos, que registram os dias que passamos ao lado de pessoas queridas. Quando duas pessoas são unidas pela amizade não existe distância capaz de separá-las. Longe dos olhos, mas dentro do coração.

E VOCÊ, TEM AMIGOS QUE NÃO VÊ MAIS E SENTE FALTA? COLE FOTOS DE VOCÊS JUNTOS!

FESTA DO PIJAMA É SINÔNIMO DE REUNIR AS MELHORES AMIZADES, participar de brincadeiras e desafios, fazer sessão pipoca assistindo filme, conversar até o sono chegar... Poucas coisas são mais divertidas do que participar de uma festa do pijama. É como combinar vários programas legais em um só evento! A Bel não tem tanto costume de dormir fora de casa, mas isso não a impede de se divertir em festinhas com as amigas. Isso é o de menos. O mais legal é poder passar um tempo com as amigas, criar momentos que com certeza vão ficar para sempre na memória. Se você também não tem o costume de dormir fora de casa, não se preocupe, pois é sim possível participar de festas do pijama. Quem sabe você não pode até fazer a própria festa? Com ajuda e supervisão de um adulto, é claro.

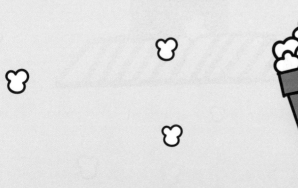

ORGANIZANDO A festa!

Você tem muita vontade de fazer uma festa do pijama na sua casa, mas nunca organizou uma? Não tem problema, nós ajudamos você!

Antes de tudo, peça autorização aos seus responsáveis, afinal, a festa será feita em um espaço de convivência que também é deles, por isso é importante combinar direitinho para ninguém se sentir excluído ou desrespeitado. Certifique-se também de que no dia da festa você poderá contar com a supervisão de um adulto, além de ajuda na hora de organizar tudo. Por mais que a organização não seja muito complexa, é sempre importante contar com alguém para se responsabilizar por tarefas perigosas para crianças, como mexer no forno para esquentar alguma comida, por exemplo.

Tudo combinado com seus responsáveis, é hora de marcar a data com os seus convidados! Marque com antecedência uma data, um horário e o que cada participante deve levar, para que não haja nenhum desencontro. Caso você não tenha a disponibilidade

de oferecer lugar para todas dormirem com conforto, estabeleça também um horário previsto para a festa terminar. Lembre-se, tudo é uma questão de conversa, e uma festa de pijama não é sinônimo de que todo mundo precisa, necessariamente, dormir na sua casa.

Você pode combinar que todo mundo leve um lanchinho, para que essa responsabilidade não pese somente para você e seus pais. Dessa forma, você pode dedicar mais tempo à organização do local, que deve ser bem confortável e com espaço para todo mundo se sentar.

Caso você queira fazer uma sessão de cinema, disponibilize diferentes tipos de filme para votação. Peça também ao adulto responsável que estoure pipoca, e pronto! O cinema está montado. Outra coisa bem legal é escolher jogos que permitam a interação de várias pessoas, além de *tags* engraçadas, desafios, ou até mesmo rituais de beleza como pintar as unhas, fazer penteados diferentes... Ideia é o que não falta!

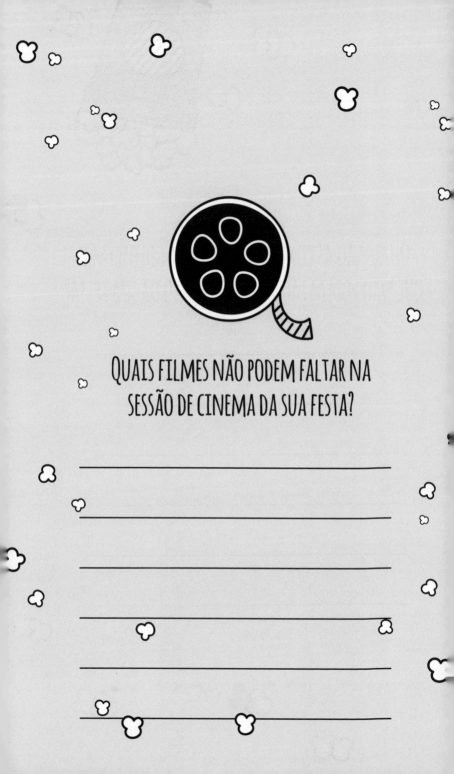

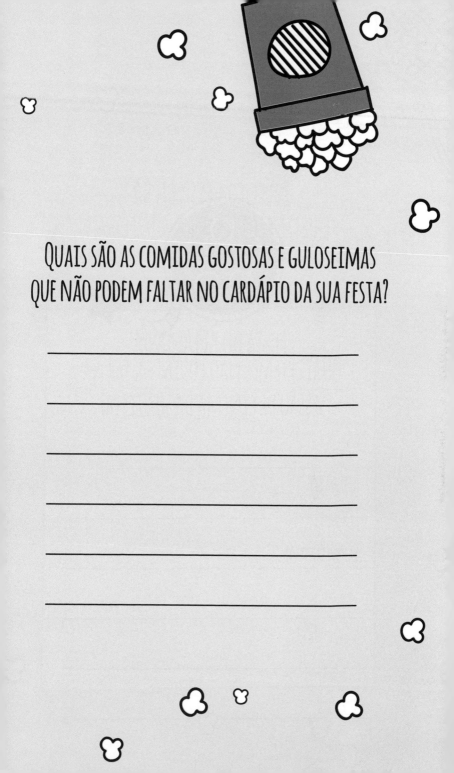

Quais são as comidas gostosas e guloseimas que não podem faltar no cardápio da sua festa?

_____

_____

_____

_____

_____

_____

Preencha esta ficha
e deixe registrada a sua festa!

FESTA DO PIJAMA DA

_____

DATA:
HORÁRIO:
LOCAL:
CONVIDADAS:

COLE AQUI UMA FOTO
DESSE DIA ESPECIAL

JÁ QUE ESTAMOS FALANDO DE FESTA, é claro que não poderia faltar a brincadeira da mímica, né? Festa do pijama, chá das princesas... Não importa qual o tema da sua festa, você pode sempre organizar uma brincadeira de mímica, todo mundo adora!

Funciona assim: primeiro, vocês se separam em dois times: o time A e o time B. Por sorteio vocês escolhem quem vai ser o primeiro participante de cada time. O time A fala o que o participante escolhido do time B precisa imitar para que a equipe dele adivinhe. O tempo deve ser limitado! Depois vocês trocam e é hora do time B escolher o que o participante escolhido do time A deve imitar. Não existe jeito certo ou errado de jogar, mas quanto mais organizado, melhor. Nós montamos um esquema para vocês preencherem, assim fica mais fácil na hora de jogar. Também demos ideia do que vocês podem imitar! Viu só como não precisa ser nada muito complexo para se divertir?

ORGANIZANDO A brincadeira

NÚMERO DE TIMES:

_____

TEMPO PARA CADA TIME ADIVINHAR A MÍMICA:

_____

NÚMERO TOTAL DE MÍMICAS PARA CADA TIME:

_____

(VENCE QUEM ADIVINHAR MAIS DENTRO DESTE NÚMERO)

Sugestões de temas

- Gato
- Leão
- Guarda de trânsito
- Professora
- Maçã do amor
- Festa junina
- Papai Noel
- Coelho
- Casamento
- Escola
- Natação
- Viajar
- Fogos de artifício
- Pipoca
- Computador

- Água
- Novela
- Chuva
- Praia
- Geladeira
- Basquete
- Celular
- Árvore
- Livro
- Calendário
- Frio
- Calor
- Carnaval
- Gargalhada
- Choro

AMIGOS E AMIGAS
QUE FICAM felizes POR você

OS AMIGOS DE VERDADE TE ATURAM mesmo quando você não está nos seus melhores dias, difícil, temperamental, impaciente ou implicante. Mas por que algumas amizades não aguentam lhe ver dando certo, sentindo-se bem e feliz? Não é tão fácil encontrar pessoas que partilham da sua felicidade. Moral da história: amigos de verdade são aqueles que ficam felizes com a sua felicidade e que gostam quando você compartilha com eles uma conquista, esses sim merecem estar no seu coração. Tudo nesta vida serve de aprendizado e, na verdade, ninguém perde uma amizade porque está feliz. Pessoas que deixam de gostar de você por causa da sua felicidade nunca foram suas amigas, e é melhor que se afastem mesmo porque não tem nada pior que estar ao lado de alguém que torce contra você, mesmo você confiando nessa pessoa.

videoclipe
COM OS AMIGOS

QUEM É QUE NUNCA CANTOU NO CHUVEIRO ou na frente da TV, fingiu ser artista de sucesso, até ensaiou discurso por ganhar prêmio imaginário? Cantar e dançar são duas das maiores diversões da vida, é quando podemos esquecer de todos os nossos problemas e colocar o corpo para se mexer, sem pensar no que vem depois. É natural, então, que cantar e dançar com os amigos também seja uma diversão sem tamanho. Se fazer isso sem ninguém por perto já é legal, fazer com pessoas queridas é ainda melhor! Vocês podem até fingir que são um grupo famoso que vai gravar um clipe, com direito a roupas especiais, maquiagem e cenário! Quer saber como? Nós vamos ajudar você!

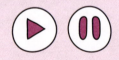

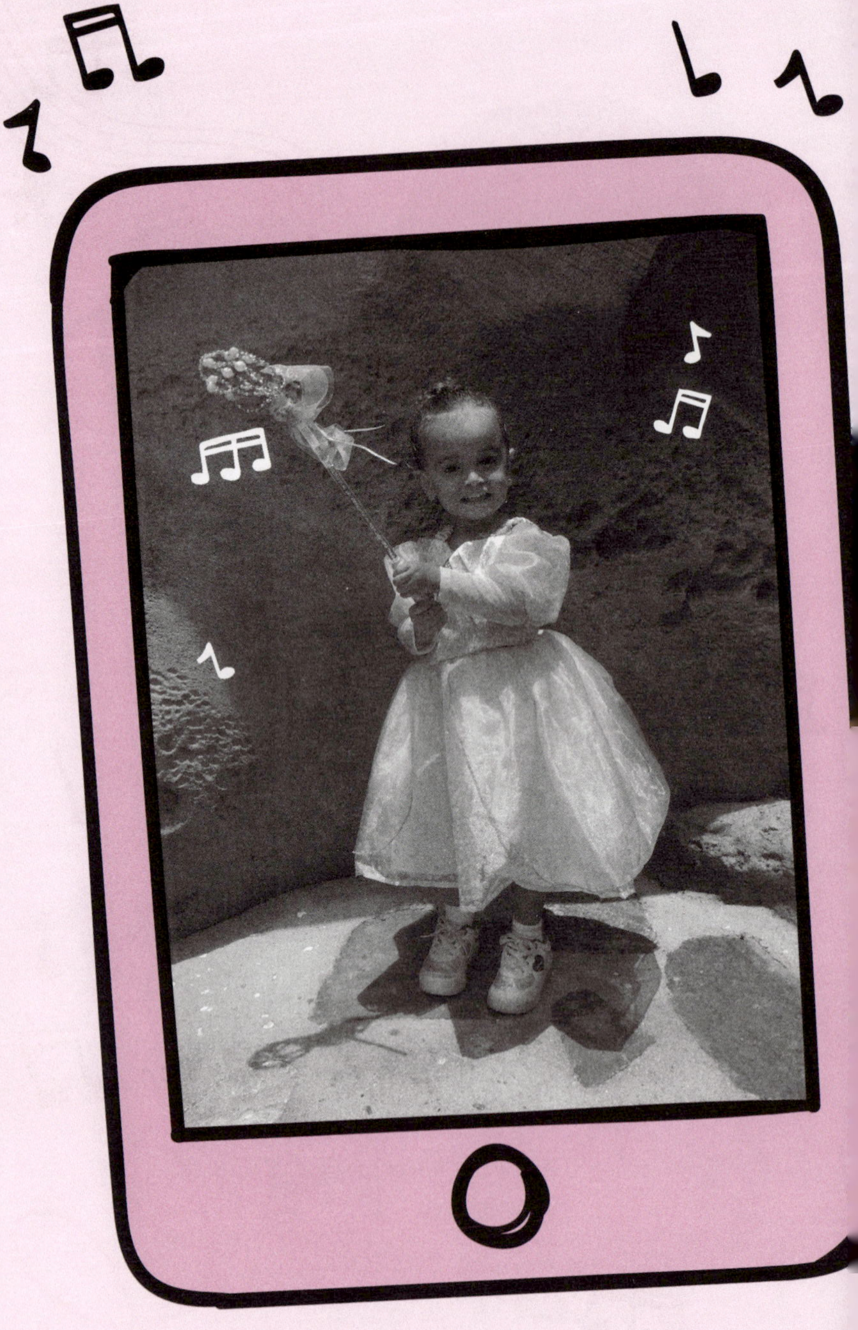

Produzindo um Videoclipe

1. Vocês precisam decidir a música que vão interpretar. Qual a preferida de vocês?

   _____

2. Todos os participantes serão cantores e dançarinos! Agora é hora de montar a coreografia.
3. Montem um cenário bem criativo. Usem a imaginação!
4. Escolham roupas bonitas, coloridas e confortáveis.
5. Componham a paródia com a música escolhida, a letra deve ser bem divertida.
6. Chamem alguém para gravar o videoclipe de vocês.
7. Postem no YouTube. Quem sabe o video não viraliza e vocês ficam famosos também?
8. Não se esqueçam: o mais importante é a diversão!

AMIZADES DE escola

PASSAMOS BOA PARTE DO NOSSO DIA NA ESCOLA, então nada mais natural do que fazer grandes amizades nesse ambiente. O companheirismo de estudar e fazer trabalhos em dupla ou grupo, a diversão nos intervalos, o conhecimento compartilhado... Tudo isso favorece a união das pessoas.

Alguns amigos da escola nós levamos para o resto da vida, com outros nós infelizmente acabamos perdendo o contato. O bom é que agora temos essas tecnologias que permitem continuar conversando mesmo a distância. Não precisamos mais estar juntos fisicamente para interagir em tempo real - e isso ajuda muito na hora de manter uma amizade com alguém que mora longe ou não pode encontrar você pessoalmente. A Bel sempre teve muita facilidade em fazer amizades. Na escola em que estuda, ela tem amigas de vários anos diferentes - é superlegal!

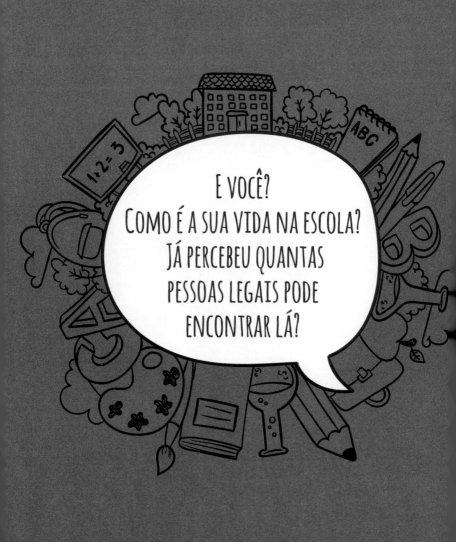

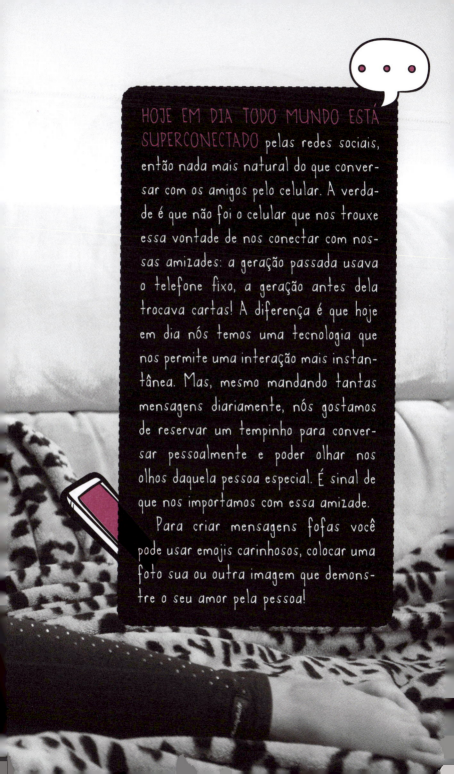

HOJE EM DIA TODO MUNDO ESTÁ SUPERCONECTADO pelas redes sociais, então nada mais natural do que conversar com os amigos pelo celular. A verdade é que não foi o celular que nos trouxe essa vontade de nos conectar com nossas amizades: a geração passada usava o telefone fixo, a geração antes dela trocava cartas! A diferença é que hoje em dia nós temos uma tecnologia que nos permite uma interação mais instantânea. Mas, mesmo mandando tantas mensagens diariamente, nós gostamos de reservar um tempinho para conversar pessoalmente e poder olhar nos olhos daquela pessoa especial. É sinal de que nos importamos com essa amizade.

Para criar mensagens fofas você pode usar emojis carinhosos, colocar uma foto sua ou outra imagem que demonstre o seu amor pela pessoa!

FAÇA UMA SURPRESA PARA AQUELA AMIZADE ESPECIAL

Pense em alguém de quem você gosta muito, que é muito importante e está sempre ao seu lado. Você já mandou alguma carta ou mesmo um bilhete escrito à mão para essa pessoa? Por mais que vocês conversem sempre, receber um recadinho especial, no papel, é uma experiência totalmente diferente! Que tal nós ajudarmos nessa missão? Vamos lá! Escreva, dentro do coração, o que faz essa sua amizade ser tão especial para você. Arranque a folha, recorte o coração e entregue-o para ela.

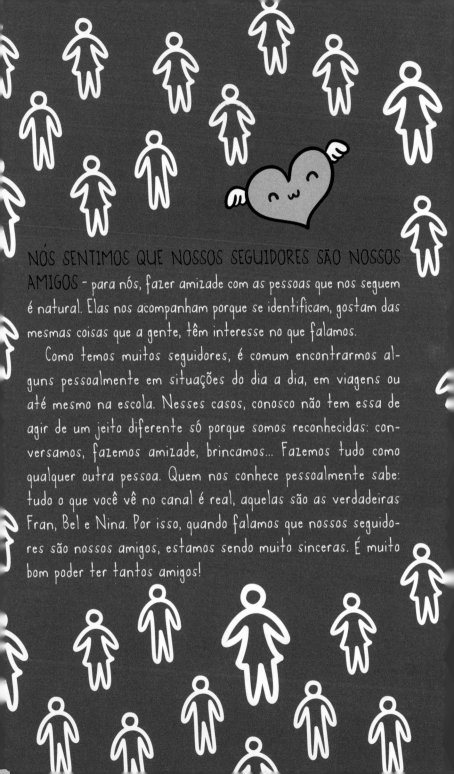

NÓS SENTIMOS QUE NOSSOS SEGUIDORES SÃO NOSSOS AMIGOS – para nós, fazer amizade com as pessoas que nos seguem é natural. Elas nos acompanham porque se identificam, gostam das mesmas coisas que a gente, têm interesse no que falamos.

Como temos muitos seguidores, é comum encontrarmos alguns pessoalmente em situações do dia a dia, em viagens ou até mesmo na escola. Nesses casos, conosco não tem essa de agir de um jeito diferente só porque somos reconhecidas: conversamos, fazemos amizade, brincamos... Fazemos tudo como qualquer outra pessoa. Quem nos conhece pessoalmente sabe: tudo o que você vê no canal é real, aquelas são as verdadeiras Fran, Bel e Nina. Por isso, quando falamos que nossos seguidores são nossos amigos, estamos sendo muito sinceras. É muito bom poder ter tantos amigos!

onde tem AMIZADE não tem BULLYING

ALGUMAS PESSOAS ACHAM QUE É NORMAL SOFRER *BULLYING*, que só porque muita gente já passou por isso acreditam que não tem problema. Pior ainda: tem gente que acha legal praticar o *bullying* em colegas. A verdade é que nada disso é normal. Pode ser comum, mas não é normal: é chato, irritante e machuca as pessoas. Pode até ser que seu colega não demonstre incômodo na sua frente, mas a verdade é que não tem como algo assim ser legal. Amizade tem a ver com respeito, e fazer *bullying* com alguém é desrespeitá-lo. Fique sempre atento a isso e jamais deixe que desrespeitem você. Você deve estar se perguntando: como devo agir?

O QUE VOCÊ PODE FAZER É:

- **Se você sofre *bullying*:** não tenha medo de procurar um adulto e conversar sobre o problema, você não precisa lidar com isso por conta própria. Fale com os seus pais e peça-lhes que entrem em contato com a direção da escola.
- **Se você vê um amigo sofrendo *bullying*:** nem sempre a vítima do *bullying* tem coragem de falar sobre o assunto, por vergonha ou por medo de ser mais agredida. Fale com ela e ofereça seu apoio, mostre que ela não está sozinha. Depois, procure um adulto para ajudar, mesmo que seu amigo não queira ir junto.
- **Se você vê um amigo praticando *bullying*:** a melhor forma de acabar com o *bullying* é a conscientização. Muitas vezes, a pessoa que pratica não sabe que aquilo é também uma agressão tão grave quanto uma violência física, acha que é brincadeira. Explique para seu amigo como o *bullying* é prejudicial.

NÃO SE ESQUEÇA: sentir-se mal e acuado por causa de *bullying* não é frescura, não é falta de humor! Ninguém tem o direito de fazer você se sentir triste. Em amizade verdadeira não tem lugar para *bullying*.

No canal nós falamos muito sobre essa questão em forma de teatrinho em vários vídeos, como na série "Bullying com a aluna nova". É um assunto muito sério, que muitas vezes é deixado de lado. Nós queremos que nossos seguidores vejam como é importante saber lidar com situações de *bullying*.

Várias crianças já nos contaram que, depois de ver os vídeos dos nossos canais que falam sobre *bullying*, tomaram coragem para falar com seus pais sobre o que estava acontecendo. Estes foram à escola conversar com os professores para encontrar juntos uma forma de solucionar esse problema. Quando você tem ajuda de pessoas que lhe amam tudo fica mais fácil.

A BEL AINDA NÃO PASSOU POR ISSO DE GOSTAR DE UM MENINO, mas sempre tem aquele lindo, gentil, educado que as meninas acham fofo, e aí é normal que todas as garotas comentem e fiquem empolgadas com ele. Acho que quando uma amiga começa a gostar do mesmo menino que você o melhor é falar a verdade e conversar com ela porque não vale a pena colocar em risco uma amizade por menino nenhum, por mais encantador que ele seja. Amizade verdadeira é um amor que nunca acaba.

Outra parte importante é que devemos lembrar que a opinião do menino também faz toda a diferença e, se ele escolher sua amiga, você deve respeitar porque a gente não manda no coração e não podemos obrigar um menino, ou melhor, não podemos obrigar ninguém a gostar da gente.

Isso também não é o fim do mundo porque nada na vida é definitivo. Provavelmente o menino do qual vocês gostam hoje não será o mesmo de quem vão gostar daqui a algum tempo porque estarão mais velhas e com uma visão diferente. Temos muito tempo e não devemos atropelar as coisas. Não é porque suas amigas já estão namorando que você deve arrumar um namorado de qualquer jeito só para mostrar que também está namorando. Tudo tem seu tempo e essas coisas não adianta forçar, elas acontecem naturalmente e quando você menos espera vai olhar para alguém e vai sentir seu coração bater mais forte.

Como a Bel fala, por enquanto ela só quer brincar e o que importa mesmo é ser feliz!

— FRAN

Alguma vez você e uma amiga gostaram do mesmo menino? Como resolveram a situação? Se você nunca passou por isso, como imagina que resolveria se acontecesse com você?

_____

_____

_____

_____

_____

_____

_____

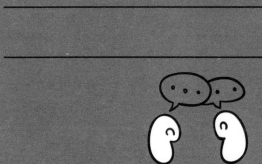

ATÉ AGORA NÓS FALAMOS MUITO SOBRE AMIGAS MENINAS, porque acreditamos muito nessa cumplicidade que existe entre mulheres. É algo que não dá para explicar, mas existem coisas que só nós entendemos. Isso não quer dizer, porém, que não fazemos amizade com meninos – muito pelo contrário! Nós temos vários amigos e acreditamos muito no poder da amizade independentemente de gênero. Amigos são engraçados, parceiros e estão sempre dispostos a qualquer coisa! Você dá a ideia de atividade mais maluca do mundo e eles aceitam ir com você sem nem pensar duas vezes. Existem muitas meninas que preferem ter amigos meninos e isso é muito legal!

O importante é estar cercada por pessoas especiais, que desejam o seu bem e que topem se aventurar com você em todos os momentos.!

VOCÊ JÁ DEVE TER PERCEBIDO que amizade na família é assunto que a gente entende! Nós somos mãe e filhas, mas também melhores amigas. Nós três, junto com o Maurício, formamos um grupo de melhores amigos inseparáveis, que amam a companhia um do outro mais do que qualquer outra coisa. Acreditamos que família e amizade são sinônimos de respeito, amor, confiança e admiração - que é exatamente o que sentimos uns pelos outros! Você pode ter uma grande amizade com seus pais, seus irmãos, seus primos, seus tios, seus avós... Para construir uma amizade, basta duas pessoas estarem dispostas a avançar nessa relação. É claro que nem todo mundo vai se dar bem com você o tempo inteiro ou vai concordar em tudo com você... Mas amigos também estão aí para isso, certo? Para nos ensinar a respeitar as diferenças e até nos dar bronca quando erramos.

Amigos são capazes de nos fazer pessoas melhores, mais tolerantes e abertas a diferenças. Imagine ter amigos de idades tão diferentes, como é o caso de seus avós? Você verá que eles têm muitos ensinamentos para passar, assim como uma visão de mundo diferente, de alguém com muito mais experiência que você.

AMIZADE NA *sua* FAMÍLIA

Faça uma homenagem para os amigos especiais que você tem em casa!

_____

_____

_____

_____

_____

_____

_____

COLE UMA FOTO DE VOCÊ COM SUA FAMÍLIA

MELHORES amigos DA ficção

Ter melhores amigos é tão legal, que até na ficção eles aparecem com frequência! Pode reparar: quase todo filme, seriado ou desenho mostra uma relação de amizade, mesmo que esse não seja o tema principal.

- Frozen - Elsa e Anna
- Bob Esponja - Bob Esponja e Patrick
- O rei leão - Timão e Pumba
- Toy Story - Woody e Buzz Lightyear
- Trolls - Poppy e Tronco
- Os Smurfs

Quais são os seus melhores amigos preferidos da ficção e por quê?

Amizades que poderiam ser filme

Assim como existem os personagens que são melhores amigos na ficção, todos nós temos histórias com amigos que com certeza dariam um ótimo filme, não é mesmo?

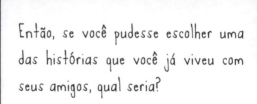

Então, se você pudesse escolher uma das histórias que você já viveu com seus amigos, qual seria?

Monte seu filme!

PERSONAGENS:

CENÁRIO:

SITUAÇÃO:

GRAVE O SEU FILME E NOS ENVIE,
ESTAMOS ANSIOSAS PARA ASSISTIR!

perfil das PRINCESAS

CRESCEMOS RODEADOS POR FILMES, brinquedos, e até materiais escolares delas... Então, como não falar dessas personagens que nos inspiram tanto? As histórias das princesas não são só entretenimento - elas podem nos ensinar muito sobre a vida. Escolhemos aqui algumas de nossas preferidas ♡

A titularidade das personagens é da Walt Disney Company.

MOANA

Moana quer explorar o mundo, conhecer além dos corais e dos limites da ilha em que vive, pois sabe que algo maior a espera: a responsabilidade de salvar seu povo. Encorajada pela avó, que sempre a motivou a enxergar além do que estava à sua vista, a heroína parte em busca de aventuras que jamais poderia imaginar.

O QUE APRENDEMOS COM ELA:

- Às vezes é preciso assumir riscos para encontrar uma grande aventura!
- Quando seu coração pede muito por algo, você precisa ouvi-lo.
- Acredite em você!

MERIDA

Cabelos ao vento, escalando cachoeiras, disputando a própria mão para não se casar (e vencendo!)... Tem como ser mais legal que isso? Merida, a princesa que conhecemos no filme *Valente*, dá uma aula de atitude e serve de inspiração para todas as pessoas que não se conformam com o que lhes é imposto como destino – como se só pudessem escolher um único caminho. Merida sabe o que quer e está disposta a lutar até o fim por isso.

O QUE APRENDEMOS COM ELA:
- A liberdade é nosso bem mais precioso.
- Nunca deixe alguém dizer que você não é capaz de realizar seus sonhos!
- Ser valente é lutar pelo que amamos.

BELA

Bela, assim como nós, ama ler e é apaixonada por desvendar histórias. Ela sonha com uma vida independente e incomum para a época: casamento está fora de seus planos. Bela é corajosa e fiel às coisas mais importantes para ela: amor, compaixão, amizade e solidariedade. Mesmo nos momentos mais difíceis, ela se mantém firme no que acredita.

O QUE APRENDEMOS COM ELA:

- Ler é tudo de bom e nos permite viajar pela história e pelo mundo.
- Você deve ser fiel ao que realmente importa para seu coração.
- Não julgue as pessoas logo de cara, dê uma chance para descobrir quem elas são de verdade!

ELSA

Impossível assistir a Frozen e não se encantar pela Elsa! Cansada de se esconder e reprimir sua força, Elsa mergulha numa jornada para entender melhor seus poderes e o que a torna especial. Embora ela quisesse passar por isso sozinha, sua irmã Anna se torna uma aliada e caminha lado a lado com Elsa. Juntas, as duas vivenciam uma das histórias entre irmãs mais emocionantes do cinema.

O QUE APRENDEMOS COM ELA:

- O amor é capaz de superar qualquer medo!
- A amizade entre irmãs e irmãos é muito importante e especial.
- Você não precisa fazer tudo sem pedir ajuda – tudo fica mais fácil quando temos com quem contar e dividir nossos planos e nossas ideias.

RAPUNZEL

Na versão de *Enrolados*, Rapunzel é uma garota inteligente que gosta de jogos, de estudar e sonha com a vida fora da torre, onde foi obrigada a ficar presa durante toda a vida. Ela não está em busca de um grande amor, mas de todas as aventuras que ela sabe que o mundo oferece e estão lá fora.

O QUE APRENDEMOS COM ELA:
- Quando sentir que está sozinha, lembre-se daquela amizade que está sempre por perto e valorize-a, como Rapunzel faz com seu melhor amigo, o camaleão.
- Você é muito forte, nunca duvide disso!
- Não tenha medo de perseguir seus sonhos.

TIANA

Tiana, a protagonista de A princesa e o sapo, é independente e sonhadora, mas sabe manter os pés no chão. Ela conhece, mais que qualquer um, o valor do trabalho - e por isso mesmo trabalha duro para conseguir atingir seus objetivos. Sempre soube o que queria (abrir um restaurante) e seguiu firme, ainda que nem todas as condições fossem favoráveis.

O QUE APRENDEMOS COM ELA:

- É preciso se dedicar para conquistar seus desejos!
- Não se deixe abalar pelos desafios que aparecem pelo caminho dos seus sonhos.
- Celebre as suas conquistas!

O que nós esperamos para o futuro com os amigos

AMAMOS TODOS OS NOSSOS AMIGOS - e olha que temos milhões de amigos, meninos e meninas, de todas idades espalhados por este mundo. Achamos isso legal porque de certa forma podemos estar com todos eles ao mesmo tempo e todos os dias. É muito especial poder estar todos os dias ao lado das pessoas que são importantes para nós! Deus nos deu essa oportunidade de falar com o mundo inteiro, com amigos de perto, de longe, recentes e de longa data e fazer novos amigos diariamente vindos de todos os lugares. Tudo isso através dos nossos vídeos.

Todas essas pessoas são especiais para nós e marcaram a nossa vida para sempre... Para nós, como sempre falamos, esse amor vale mais que milhões e bilhões de inscritos, porque amizade é o que temos de mais valioso!

Esperamos continuar a fazer o que amamos e levar essa amizade para sempre como nosso maior incentivo e motivação para fazer sempre mais e melhor.

E VOCÊ, O QUE SONHA PARA O SEU FUTURO COM AS AMIZADES MAIS IMPORTANTES DA SUA VIDA? ESCREVA E MOSTRE PARA ESSAS PESSOAS ESPECIAIS, PERGUNTE O QUE ELAS ESPERAM REALIZAR AO SEU LADO.

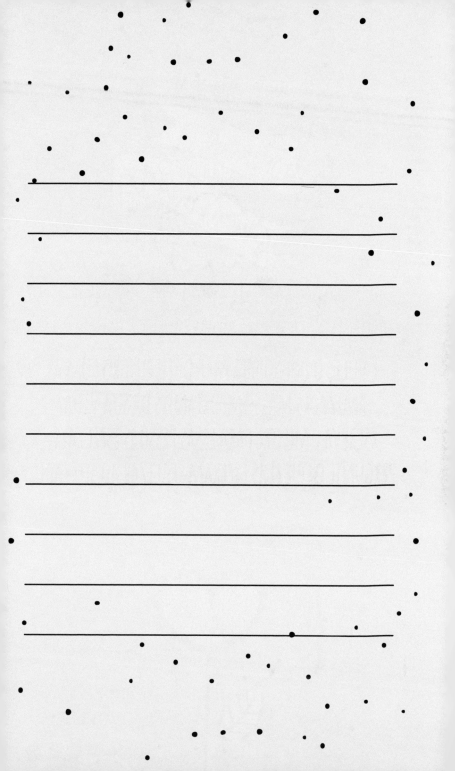

Como cuidar da sua amizade

COMO QUALQUER RELACIONAMENTO, amizade também precisa ser cuidada, receber atenção. Tanto para as amizades recentes como para as de longa data, certos sentimentos são essenciais para definir uma boa relação. Mesmo que você não esteja sempre com seus amigos pessoalmente, ou ainda que vocês não consigam conversar todos os dias por mensagens, é possível cultivar as amizades por muitos anos - às vezes até por toda a vida. Para que isso seja possível, algumas posturas e atitudes são indispensáveis:

• **Conte sempre a verdade:** honestidade é a base de qualquer relacionamento. Não tenha receio de falar sempre a verdade, mesmo que às vezes a outra pessoa discorde ou fique chateada com você naquele momento. Se você tem um problema com alguma amizade, converse com ela, explique seus motivos. Tudo se resolve quando duas pessoas querem o bem uma da outra.

• **Torça pela outra pessoa:** amigos verdadeiros ficam felizes por você, torcem para que você alcance seus objetivos. Jamais fique ao lado de alguém que só lhe puxa para baixo, que prejudica sua felicidade. Se uma pessoa quer lhe ver triste, ela não é sua amiga. Queira também o bem de suas amizades.

• **Crie momentos alegres entre vocês:** se vocês são grandes amigos, criar momentos alegres certamente não é uma tarefa difícil. Às vezes, basta vocês estarem no mesmo ambiente – existem pessoas que só por estarem presentes nos fazem bem. Sempre que possível, marque de fazer alguma coisa de que vocês gostam muito, como ver filmes ou passear no shopping. A companhia compartilhada fará muito bem a vocês!

O QUE MAIS VOCÊ CONSIDERA ESSENCIAL EM UMA AMIZADE?

_____

_____

_____

_____

_____

_____

_____

UMA DAS MELHORES SENSAÇÕES NA VIDA é saber que você tem ao seu lado pessoas que ama. Pessoas em quem você pode confiar, que lhe fazem feliz. Amigos são justamente esse tipo de pessoa: estão ao seu lado para o que der e vier, em todos os momentos mais importantes da vida. Amigos são verdadeiros presentes enviados pela vida para nos fazer pessoas mais plenas e alegres!

BEIJINHO doce COM GOSTINHO DE AMIZADE verdadeira

A VOCÊ, nós desejamos muitas amizades verdadeiras, cheias de felicidade e amor. Todos nós merecemos alguém para confiar e dar boas risadas – e esperamos que você encontre aquela pessoa que poderá chamar de melhor amiga por muito tempo. Conte sempre conosco!

Um beijo no coração de cada um e até o próximo livro!

-FRAN, BEL E NINA

 Para finalizar, queremos saber: para quem você mais indica este livro? Quais são aquelas pessoas do coração, que você quer muito presentear?

Escreva o porquê de você ter gostado do nosso livro nos cartões da página ao lado e entregue a elas. Vamos ficar muito felizes de fazer parte desse ciclo de amizades. ♡

LEIA TAMBÉM:

DE:

PARA:

Bel, Fran e Nina
Suas melhores amigas ♡

DE:

PARA:

Bel, Fran e Nina
Suas melhores amigas ♡